¡Ese soy yo!

SUPERPAÑAL 1

UNA NOVELA GRÁFICA de
JORGE Y BERTO

Traducción de Miguel Azaola

www.literaturasm.com

Dirección editorial: Elsa Aguiar
Coordinación editorial: Xohana Bastida
Traducción del inglés: Miguel Azaola
Ilustraciones: Dav Pilkey

Título original: *The Adventures of Super Diaper Baby*

© Dav Pilkey, 2002. Todos los derechos reservados.
Publicado por acuerdo con Scholastic Inc.,
555 Broadway, New York, NY 10012, USA
© Ediciones SM, 2012
Impresores, 2
Urbanización Prado del Espino
28660 Boadilla del Monte (Madrid)
www.grupo-sm.com

ATENCIÓN AL CLIENTE
Tel.: 902 121 323
Fax: 902 241 222
e-mail: clientes@grupo-sm.com

ISBN: 978-84-675-5713-8
Depósito legal: M-22211-2012
Impreso en la UE / *Printed in EU*

Para mi mamá y mi papá.
J. B.

Para mi mamá y Heidi.
B. H.

Los orígenes de
SUPERPAÑAL

Una introducción de
Jorge Betanzos y Berto Henares

Érase una Vez DOS niños MUY GUAYS que se LLamaban uno Jorge y OTRo Berto.

¡Somos la monda!

¡Y YO!

Un día estaban en el Gimnasio PaTinando soBRe unos soBRES de ketchup cON sus Monopatines.

JA, JA.

JA, JA.

PLAF Chof

Chof

Fue DÍVER HasTA que apaRECió por ALLí su odioso DiRecTor, el señor Carrasquilla.

¡EH!

¡Limpiad esta BASURA!

¡Y cuando acabÉis Os pasáIs por mi despachO, mocosos!

5

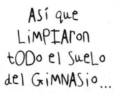

Así que LIMPIARON tODo el suelo del GIMNASio...

Y FueRon aL DESpacho del señoR CarrasQuilla.

SOIS muy irresponsables, JOVENCITOS.

NoRMALmente os hUBIEra hecho escribir unas LÍNEAS para CASTIGaros... ¡pero ya SÉ que eso NO seRViría de NADA!

De modo que en vez de eso vais a HACER una REdacción de cien páGInas sobRe «CÓMO ser UN BUen CiudADAno».

¡Y mucho OJO, joVENzueLOS, no SE os VAYA a OCUrRIR converTirla en un teBEO de cien páginas sobre el Capitán Calzoncillos! ¡Eso seRÍA totalmente INACEPTABLE!

QUÉ mal.

no Vale.

Jorge y Berto se Quedaron SUPERchafados.

¿Y por qué no podemos hacer un TEbeo sobre el Capitán Calzoncillos?

Eso... ¡ES UN CiudaDANO buenísimo!

¡Pero se Les ocurrió una gran ideA!

Oye, ¿y por QUÉ no nos Inventamos un NUEVO superhéroe Y Escribimos UN TEbeo sobre ÉL?

VALE.

De modo que SE fueron a casa y pusieron manos A la OBra.

Al día siguiente entreGARon su Redacción De cien páginas.

¿pero qué...?

Las AvenTuRas de SUPER-pañal

por Jorge BETANZoS y BERTO HENARES

...Y así fue como...

Nunca más haré
tebeos ofensivos.
Nunca más haré
tebeos ofensivos.
Nunca más haré
tebeos ofensivos.
Nunca m

Nunca más haré
tebeos ofensivos.
Nunca más haré
tebeos ofensivos.
Nunca más haré
tebeos ofensivos.
Nunca más haré

Y esta es la Historia de cómo se inventó el Bebé Superpañal.

Esperamos que os Guste más de lo quE le gustó al señor Carrasquilla.

TEbEos CASAEnrAmA

S.A.

por Jorge Betanzos
y
Berto Henares

índice

LAS AVENTURAS DE SUPERPAÑAL

CAPÍTULO 1
Ha Nacido un Héroe

Nuestra historia Empieza cuando un CochE corrE A Todo Gas en dirección al Hospital.

¡MÁS deprisa!

¡Voy deprisando A Tope!

HOSPiTAL

Ñiiiiiiiic

¡Vamos allá!

Vale.

¡Enfermera, estamos a punto dE Tener un bEbé!

¡Yo también!

Vale, pEro primero TENDrán que ContesTar algunas PreGuntas.

Bueno.

Pero lo que NO sabían el Señor y la Señora Lanas era que la PROfesión de su futuro Bebé sería... ¡SuperHéroe!

SaLa de ParTos

yujuuu

Sin EMBargo... Antes de Seguir con esta HistoRIA, Tenemos que contaROS ESTA OTRA.

Estos dos son el Comisario PatiBulario y el Chucho MuerDEmucho. El Comisario Patibulario es el de la IzquierDA, con sombrero TEJANO y manos raras. El Chucho MuerDEmucho es el de la derecha, con rabo y mogollón de Pulgas.

AcordaOS Bien de mí.

PLANES MALVADOS

AL LABORATORIO SECRETO

El Comisario Patibulario era feroz y DESpiadado a tope.

¡Y también soy maLvado!

El Chucho MuerDEMucho también era malo.

En realidad NO soy maLvAdo. Solo salgo aquí para DESpistar.

¡Tú Cállate!

Juntos abrieron una lavandería De ropa interior. ¡PERO era solo una TRAMPA!

La Ropa Interior Añeja
LIMPIEZA & LAVADO

Lavamos su ropa inTERior mientras eSPera

Especialistas en SuperHéroES

Pronto se preSENtó la ocasión que el Comisario PatiBulario tanto había esperado.

¡Tata-ta-Cháááán!

La Ropa Interi
LIMPIEZA & L

¡MiRa Quién ha VeniDO! ¡ES el Capitán Calzoncillos!

¡Mi Héroe!

16

¿Qué ha passsado? M-M-ME ssssiento muy Débil...

Eso es Porque te he quitado todos TUS super-Poderes. Jua, Jua, Jua.

Observa y pásmate: TUS Superpoderes se Han Convertido en Este rico Zumo.

Ahora lo ÚNICO que tenemos que hacer es bebernos este Zumo superpoderoso y así nos quedaremos con todos tus superpoderes.

¡GUAY!

Tú te bebes la miTAD y yo la otra miTAD. Y luego DomINARemos el mundo.

Vale.

GLU GLU GLU

ZASKA

17

Mientras tanto, en el HOSPital...

¡EMPUJE!

PLOP

¡Felicidades! Han tenido un Bebé Varón.

Ahora TENgo que darLE el llamado «azote de la Vida».

Pero hombre, ¿no podría usted darLE Solo una Palmadita de Bienvenida?

ADVERTENCIA

Las páginas que siguen
Contienen Escenas
en las que se Ve cómo un Bebé
le pega una PALiza a un malo.
Preparados para recibir
un TRAumaZO...

Violencia
Gráfica

FLIPORAMA

¡¡¡ASÍ ES COMO FUNCIONA!!!

PASO 1

COLOCAD la mano IZQUIerda DENTro de las Líneas de Puntos donde dice «AQUÍ MANO IZQUIERDA». SujeTAD el Libro abierto del TODO.

PASO 2

PINzaD la Página de la Derecha entre el Pulgar y el índice derechos (dentro de las líneas que dicen «AQUÍ PULGAR DERECHO»).

PASO 3

AhorA agitad Deprisa la página de la Derecha de un lado a Otro HasTa que parezca que la Imagen ESTÁ ANIMADA.

Es más diver si tratáis de añadir vuestros propios efectos sonoros personalizados.

25

FLIPORAMA #1

(Páginas 27 y 29)

Acordaos de agitar solo la página 27.
Mientras lo hacéis,
aseguraos de que podéis ver la ilustración
de la página 27
y la de la página 29.

Si lo hacéis deprisa,
las dos imágenes empezarán a parecer
una sola imagen animada.

¡No os olvidéis
de añadir vuestros
propios efectos
sonoros especiales!

Aquí
mano izquierda

¡PeRO qué BebÉ
tan RICO!

Aquí
pulgar
derecho

Aquí
índice
derecho

¡Qué gran DIrecto aL hoCiCo!

FLIPORAMA# 2

(Páginas 31 y 33)

Acordaos de agitar solo la página 31.
Mientras lo hacéis, aseguraos de que podéis
ver la ilustración de la página 31
y la de la página 33.

Si lo hacéis deprisa,
las dos imágenes empezarán a parecer
una sola imagen animada.

¡No os olvidéis
de añadir vuestros
propios efectos
sonoros especiales!

Aquí
mano izquierda

¡Vaya fantástico BOTE!

Aquí
pulgar
derecho

Aquí
índice
derecho

¡Le ha chafado
hasta el COGOTE!

FLIPORAMA#3

(Páginas 35 y 37)

Acordaos de agitar solo la página **35**.
Mientras lo hacéis, aseguraos de que podéis
ver la ilustración de la página **35**
y la de la página **37**.

Si lo hacéis deprisa,
las dos imágenes empezarán a parecer
una sola y bla, bla, bla, bla, bla.

No os Olvidéis
de Saltaros
estas Páginas
sin leerlas.

Aquí
mano izquierda

¡Y menuda revolera!

Aquí
pulgar
derecho

Aquí
índice
derecho

¡Casi revienta
la aceRa!

¡OYE, tú, ese Bebé ha sometido a UN MALHECHOR! ¡ES UN Héroe!

GuAGuau.

¡Soy UNA enfermera! ¡Soy UNA enfermera!

CHOF

¿Te encuenTRas bien, NiñiTO preciOSO?

GuAGuau.

CHAF

Voy a ponerte un buen PAÑal, jovencito.

SNIF SNIF

Y ahora Vamos a subir a la SEXTA Planta para ver a mamá y a papá.

Mamiii.

Papiii.

Je, Je. Espero que no estén moLEstos POR el pequeño Accidente del azotillo. Je, je.

FLI-
PO-
RAMA
#4

¡EEH!

Aquí
mano izquierda

¡TODO queda
perdonado!

41

Aquí pulgar derecho

Aquí
índice
derecho

¡Doctor, NO tenga
CUIdado!

Y el SEÑOR y la SEÑORA LANAS se fueron del hospital y se llevaron a casa a su nuevo Bebé Rufinín.

LAS AVENTURAS DE SUPERPAÑAL

⭐ ⭐ ⭐ ⭐ ⭐ ⭐

El Comisario Patibulario y el Chucho muerDEMucho fueron a paraR deREchitos a la cárceL. Pero SE escaparon.

CÁRCEL
Municipal para
Malos y perros.

CRASH

¡Soy
LiBre!

¡Eh!

Y volaron a un Laboratorio secreto en la cumbre de una montaña.

¡Yupiii!

LABORATORIO
SECRETO

¡¡¡AHORA inventaré un invento Alucinante para VenGarme!!!

¡Alucinará usted mismo!

Conque el Comisario Patibulario se pasó ToDA la noche entera trabaJando en el SuperCunaTRón 2000 ™.

¡Toma ya! mira qué cuna he inventado. ¡me tRANsferirá a mí todos los superpoderes que tiene ese bebé!

¡A medianoche, este platillo que se orienta hacia el calor le quitará a superPAÑAL todos sus poderes!

Luego los transmitirá vía satélite a mi nuevo casco. Y así es como me quedaré YO con TODOS sus superpoderes.

CASCO TRANS

BEBÉ

SATÉLITE →
PLATILLO TERMO-SENSIBLE
FLASH
CASCO DE TRANS-FERENCIA
SUPER-CUNA-TRÓN 2000 ™
BEBÉ
YO

Y entonces es cuando YO... ¡EH!

ZZZZZ

¡DESPIERTA!

48

¿Qué te pasa, precioso?

Caquita, mami.

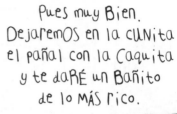

Pues muy Bien. Dejaremos en la cunita el pañal con la caquita y te daRÉ un Bañito de lo MÁS rico.

RRRRR

FLASH

¿Adónde fue Caquita?

sssssss

No lo sé, Rufinín. ¡se ha IDO del TODO!

Pero en aquel preciso momento, la CACA estaba siendo transmitida a un satélite.

Y muy prONto Era reTransmitida de Vuelta a la Tierra...

... directamente al casco de Transferencia del Comisario Patibulario.

Oye, ¿cómo es que te has hecho tan GRANDE?

CreO que será mejor que se miRE usted en Este espeJo.

Pero qué...

¡Soy un trozo dE CACA!

oɹǝd ...ǝnb

¡AƆAƆ ƎP ozoɹʇ un ʎos¡

TranQuilo... Podría haber Sido PEOR.

¡¡¡me he convertido en CACA!!! ¿QUÉ podría ser PEOR?

PODRÍA haberse convertido en diarrea.

¡OH, CÁLLATE!

53

¡Necesito pensar! ¡¡Llévame de vuelta a la ciuDAD!! ¡¡¡Volando!!!

¡¡Usted no vuelve a subirse otra vez a mi espalda, colega!!

BORATORIO CRETO

¡VALE! ¡IRÉ A PIE!

Veo que lo ha pescado.

Más tarde, en la Gran Ciudad...

¡Tengo que PENSAR! Tengo...

¡¡¡Ya lo TENGO!!!

CHOOFF

FLIPO-RAMA #5

Aquí mano izquierda

¡Pisotón
sin compasión!

Aquí
pulgar
derecho

Aquí
índice
derecho

¿Se acabó aquí
la función?

¡Qué asco! ¡He pisado una guaRRada de lo más ASQUEROSA!

Estas cosas molestan mogoLLÓN, ¿a que sí?

RRRASC

¡CHucho esTÚpido!

¡ESO! ¡Eche la culpa al perro!

BASURA

Eh, Comisario... ¿se encuentra BIEN?

BASURA

¡TENGO...

BASURA

... QUE...

BASURA

... VENGARME!

BASURA

LAS AVENTURAS DE SUPERPAÑAL

CAPÍTULO 3
Con V de Venganza

¡Se supone que debes estar ocupado en LA destrucción del mundo, joven!

Estoy en ello, CAComisario estrafalario.

No es cierto... ¡Solo estás haciendo el ganso, como de costumbre.

¡Y deja YA de llamarme esa cosa!

Jiii, jiii.

Mientras tanto, en casa de los Lanas...

BASURA

La Sra. Lanas estaba fregando los platos cuando observó una horrible visión de lo más espantoso.

YO mataré BICHO Por Papi.

Y Rufinín se anudó bien Su manTITa alrededor del cuello...

¡Y se lanzó Al ESpacio!

RuFI, NO seas muy HÉroE.

Y NO eches a peRDer tu Vida.

CATA-CLONC

Aquí
mano izquierda

¿Quién Teme
al Bicho Feroz?

Aquí
pulgar
derecho

Aquí
índice
derecho

¡Qué ESTACAzo
tan AtrOZ!

FLIPORAMA #7

Acordaos de agitar solo la página **75**.
Mientras lo hacéis,
aseguraos de que bla, bla, bla.
En serio, suponemos que no estaréis
leyendo esta página de pe a pa.

Bueno, pues ya que estamos aquí,
¿qué tal un chistorro?
P: ¿Cuál es la diferencia entre
los mócolis y los brócolis?

R: los NIÑOS
NO se comen
los brócolis.

Aquí
mano izquierda

¡Y ahora,
menudo MENeo!

Aquí
pulgar
derecho

Aquí
índice
derecho

¡Le va a dar
el GRAN maREO!

FLIPORAMA #8

Acordaos de agitar solo la página **79**.
Por cierto que, como nadie lee estas páginas,
nos parece que son un buen sitio
para insertar mensajes subliminales.

Pensad por vUESTRa cuenta.
¡Leed lo que OS dé la gana!
¡Da igual que sean tebeos OfensIvos
de CiEN páginas!
¡¡¡Los NIÑOS tienen los mismos
derechos constitucionales
que los maYOres!!!

¡¡¡Y NO olvidéis
escribir y dibujar
lo que Más os gUste!!!

Aquí
mano izquierda

¡¡¡Ten cuidado,
Rufinín!!!

79

Aquí
pulgar
derecho

Aquí
índice
derecho

¡¡¡Que te pone
el collarín!!!

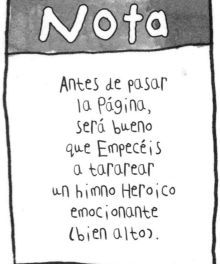

LAS AVENTURAS DE SUPERPAÑAL

CAPÍTULO 4
Viva El perrete Pañalete

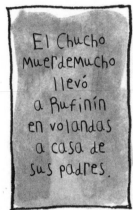

El Chucho muerdemucho llevó a Rufinín en volandas a casa de sus padres.

¡Mira, ahí viene el Chucho JuegAmucho!

¡Hurra!

¡Me salvó GuAGuau!

UAU.

¿Crees que TE GUSTARÍA vivir con NOSOTROS?

¡Eh, UN momentito! ¡¡¡Soy el propietario y no permito perros ni gatos!!!

¿Y ESO por qué?

¡¡¡Pues porque suelen hacerse pis en la alfombra!!!

¿Y si LE pusiéramos un pañal?

Hummm... Creo que PODRía funciONar.

Y así es como el Chucho muerdemucho cambió de nombre y empezó a llamarse PERRETE PAÑALETE...

Je, Je.

GuaGuau necesita mantita.

Aquí tenéis una Manta más.

... Y nació una nueva pareja de LUchadores contra el crimen.

PERO...

MiENTras, en la central nuclear, algo terrible le ocurRía al CacOmisario Estrafalario.

¡Que no me llaméis eso!

La Radiación nuclear
iba aumenTANdo
el tamaño de la CACA...

... más...

... y más...

... hasta que De pronto...

Voy DerechO A por TI, SuperPañal...
... ¡y también A por tu QueriDo PERRETE!

¡La verdad es que
he visto a gente pisar
caca algunas veces,
pero nunca he visto
caca pisando gente!

Pues sí,
¡qué rara
es la vida!

90

Mientras, en casa de los Lanas...

Traeré el postre.

Mirad al cielo... ¡Es una CACA gigante!

¡Será un avión!

...NO, espera. Tienes razón... Es una CACA.

De modo que, rápidos cual rayos, nuestros héroes se colocaron sus respectivas mantitas.

Y salieron volando.

Aquí
mano izquierda

¡Qué Guantazo
se prepara!

Aquí
pulgar
derecho

Aquí
índice
derecho

¡Se lo da ÉL mismo
en la Cara!

FLIPO-
RAMA #10

Aquí
mano izquierda

¡Va a Aplastar
al Moscardón...

Aquí
pulgar
derecho

Aquí
índice
derecho

... y ÉL mismo
se da un capón!

FLIPO-
RAMA #11

Aquí
mano izquierda

Bebé y Perro,
vuelta y vuelta...

Aquí
pulgar
derecho

Aquí
índice
derecho

... ¡Y la CACA
queda envuelta!

LAS AVENTURAS DE SUPERPAÑAL

CAPÍTULO 5
Y Vivieron Felices

EL ÚLTIMO
FLIPO-
RAMA

Sin perdices
ni narices...

Aqui
pulgar
derecho

Aquí
índice
derecho

¡Vivieron siempre
Felices!

cómo Dibujar
a superpañal

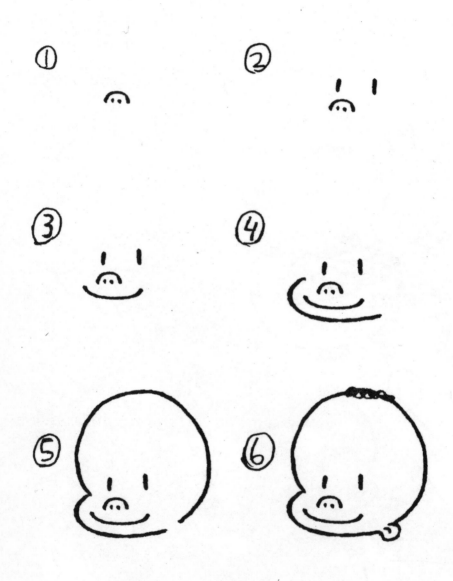

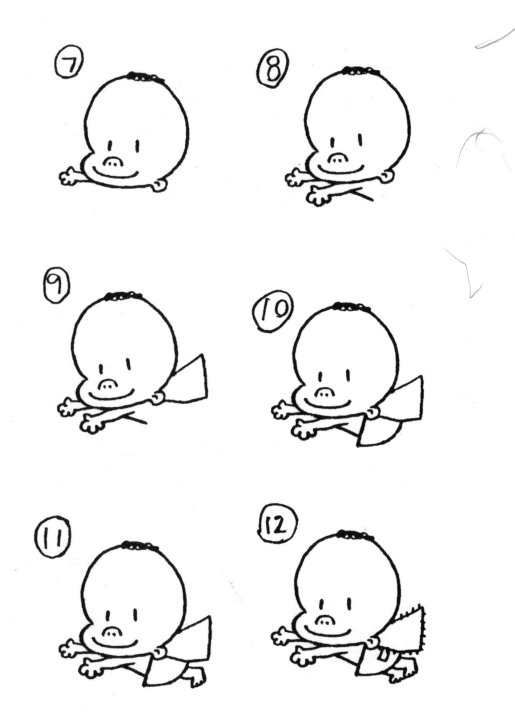

cómo DIBUJar
aL perrete pañaLete

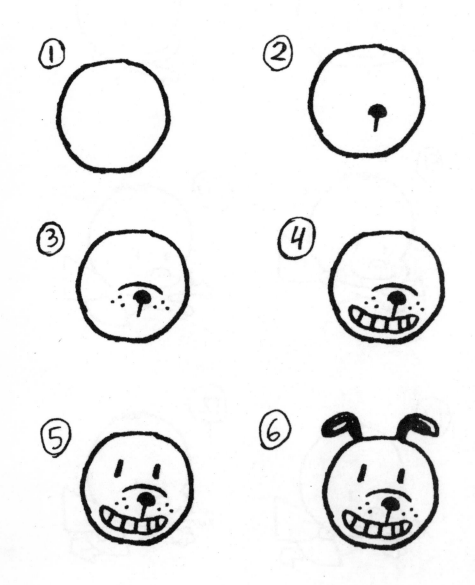

123

cómo Dibujar
al cacomisario
estrafalario

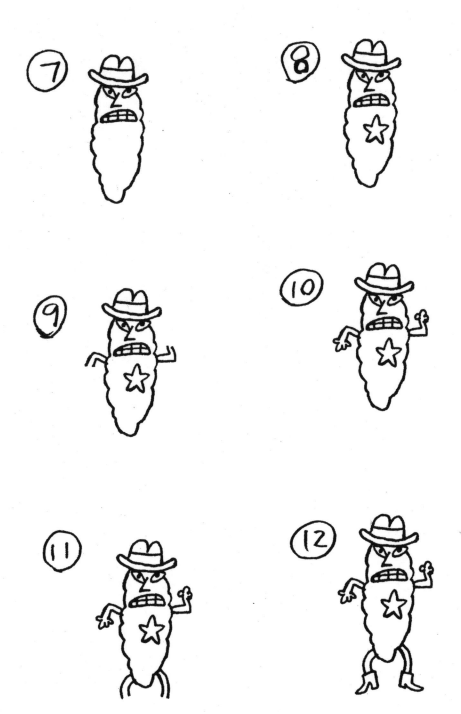

Cómo DibUJar
aL RobomiGaTrón 2000

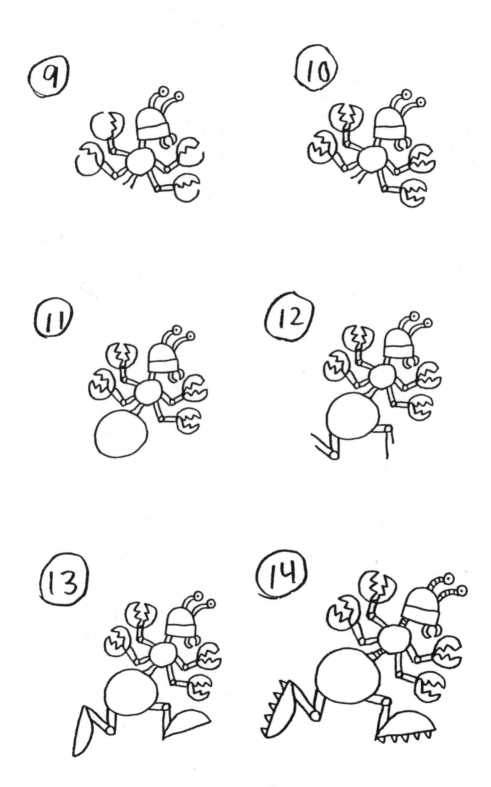

Sobre el autor
y el ilustrador

JORGE BETANZOS (9 años y ¾) es el cocreador de personajes de tebeo tan maravillosos como el Capitán Calzoncillos, Atufante, el Retrete Parlante y la Supermolona Mujer Cebona. Además de hacer tebeos, Jorge disfruta practicando monopatín, viendo la tele, jugando con sus videojuegos, gastando bromas y salvando al mundo. Su comida favorita son las galletas de chocolate. Jorge vive con su mamá, su papá y sus dos gatos, Crispín y Molondro. Ahora mismo estudia cuarto en la Escuela Primaria Jerónimo Chumillas de Chaparrales, Palizona.

BERTO HENARES (10 años) ha sido coautor e ilustrador de más de 30 tebeos junto a su mejor amigo (y vecino de al lado) Jorge Betanzos. Cuando no está haciendo tebeos, Jorge suele estar dibujando o leyendo tebeos. También le gusta el monopatín, jugar con videojuegos y ver películas japonesas de monstruos. Su comida superfavorita es el chicle de fresa. Berto vive con su mamá y su hermana pequeña, Heidi. Tiene cinco peces de colores que se llaman Memo, Lerdo, Ceporro, Dr. Panfilotas y Rasputín. Y piensa comprarse más.